Mon Cahier des Mercis

Carnet de Gratitude

Ce cahier appartient à : ....

"La gratitude est le secret de la vie.
L'essentiel est de remercier pour tout.
Celui qui a appris cela sait ce que vivre signifie.
Il a pénétré le profond mystère de la vie."

_Albert Schweitzer

Contenu de Mon Cahier des Mercis

Une introduction pour répondre à vos questions :
- Qu'est-ce que la gratitude ?
- Pourquoi pratiquer la gratitude ?
- Comment pratiquer la gratitude ?

2 X 30 fiches uniques, colorées et ludiques. Une page par jour facile à compléter.

Qu'est-ce que la GRATITUDE ?

La gratitude est l'un des sentiments les plus extraordinaires à expérimenter. C'est un petit mot qui peut paraître simple à première vue, mais dont la portée est immense et beaucoup plus grande encore que vous ne l'imaginez à cet instant précis. La définition courante retrouvée dans plusieurs dictionnaires se résume ainsi :
« Sentiment de reconnaissance pour un service ou pour un bienfait reçu. Sentiment affectueux envers une personne qui nous a fait du bien. »
Nous allons un peu approfondir cette définition en nous penchant plus en détails sur les termes composants celle-ci.

Le premier est « SENTIMENT », le terme est presque indéfinissable tellement il est lié à l'esprit intuitif et fait référence à l'état intime. « SENTI-MENT », SENTIR ce qui se passe dans notre MENTAL, il s'agit d'un état de CONSCIENCE de soi et du monde extérieur. On lui adjoint la plupart du temps un adjectif pour en préciser les contours : sentiment paternel, sentiment de tendresse, sentiment de gratitude...
Passons au mot « RECONNAISSANCE », un dérivé du verbe reconnaître qui signifie identifier grâce à sa mémoire. La « RECONN-AISSANCE » peut aussi se lire comme : ce qui m'arrive ou ce qui m'a été offert me permet de me RECONNECTER à ma vraie ESSENCE. Ressentir de la gratitude nous relie donc à notre nature profonde, intime, à ce dont nous sommes faits à l'intérieur de nous, à cette énergie vitale qui vibre en nous.

Continuons avec le terme générique de « BIENFAIT » qui est encore plus direct et parlant. Je ressens de la gratitude pour ce qui m'a été donné ou ce qui m'est arrivé, j'y vois un « BIEN-FAIT » ou quelque chose qui m'a FAIT du BIEN. La notion de BIEN est corrélée dans toutes les grandes religions et les philosophies antiques à l'AMOUR.

De nombreux débats ont agité et agitent encore les grands philosophes et les courants religieux pour définir ce qu'est l'essence d'un individu. Laissons-les continuer à débattre et concentrons-nous sur ce qui nous intéresse aujourd'hui. Pour moi, notre essence ou âme ou même être spirituel (vous choisirez le terme qui convient à vos croyances actuelles) ne se nourrit que d'une seule chose qui est de l'AMOUR.

Éprouver de la gratitude peut se lire comme la prise de conscience dans notre mental d'une reconnexion à notre essence grâce à l'amour reçu et qui produit en retour de l'amour. C'est un acte d'amour ressenti en nous en réponse à un autre acte d'amour prodigué par une personne ou par l'univers. Il s'agit en même temps de recevoir et de donner, un va-et-vient permanent d'amour.

.

Il est important de bien différencier la gratitude du sentiment d'endettement qui est le fait de se sentir redevable envers les autres. Ce dernier est très négatif et peut s'avérer destructeur pour celui qui se sent en dette.

La gratitude n'est pas autre chose que de L'AMOUR pur qui circule entre vous et une autre personne ou entre vous et l'univers et qui nourrit profondément votre être intime. Il est essentiel d'intégrer ce fait afin de comprendre les bénéfices réels que vous récolterez de la pratique au quotidien de l'art de la gratitude.

Pourquoi pratiquer la GRATITUDE ?

« La gratitude peut transformer votre routine en jours de fête. »
_William Arthur Ward

Si vous pratiquez la gratitude au quotidien, vous constaterez rapidement que votre rapport aux autres, aux événements va évoluer, mais également votre rapport à vous-même. En effet, remercier est à la fois une preuve d'amour pour les autres, mais aussi pour soi. Beaucoup de personnes savent donner, mais souvent elles éprouvent plus de difficultés à recevoir et à remercier pour cela. Elles pensent ne pas mériter les cadeaux qui leur sont faits, car elles manquent d'amour pour elles-mêmes. Éprouver de la gratitude, c'est accepter les cadeaux de la vie et par voie de conséquence se dire que oui, nous les méritons car, oui, nous sommes dignes de l'amour qui nous est porté. Pratiquer la gratitude au quotidien va ainsi vous apprendre à plus vous aimer et à vous accepter tel que vous êtes ici et maintenant.

Les études psychologiques sur les effets de la pratique régulière de la gratitude sont récentes alors que la pratique même remonte à la nuit des temps. Elle se retrouve dans toutes les religions et pratiques spirituelles, des catholiques aux musulmans en passant par les bouddhistes et les taoïstes et tant d'autres.

Émile Coué, psychologue émérite français du XXe siècle, a permis aux études sur la pensée positive de prendre leur juste place au milieu des milliers d'études sur le stress, les angoisses et les maladies mentales dépressives. Selon lui, notre inconscient déterminerait notre état physique et mental, et nous pourrions agir sur lui par le biais de l'imagination. Sa doctrine « Tous les jours, à tous points de vue, je vais de mieux en mieux » est devenu un mantra reconnu que je vous conseille d'adopter.

L'être humain a une tendance forte à se focaliser sur ce qui ne va pas, sur les choses à améliorer... c'est une louable qualité qui a permis à l'humanité de progresser, d'inventer, de créer. Cette tendance est aussi très destructrice mentalement parlant, car 1 % de négatif envahit 100 % du cerveau. Vous pouvez avoir passé la meilleure journée de tous les temps, si une seule chose s'est mal passée aussi minime soit-elle, vous pourriez ne jamais vous rendre compte de votre chance. En effet, si votre esprit n'est pas entrainé à la gratitude, à la pleine conscience du positif, il va se concentrer sur l'événement négatif (création de pensées ruminantes, intrusives). Ce tout petit 1 % va finalement arriver à occulter les 99 % d'événements positifs. La prévalence du négatif est un phénomène psychique bien connu. De la même manière, il est scientifiquement prouvé que les pensées négatives empoisonnent le corps physique. Les pensées déprimantes interfèrent avec la circulation cérébrale, altérant la nutrition des cellules et des centres nerveux. Le résultat est que les organes et les tissus manifestent une altération de leur fonction. La peur, l'inquiétude, la colère, l'envie, la jalousie et autres pensées négatives se répercutent de la façon désastreuse dans le corps humain créant des dysfonctionnements physiques profonds et par voie de conséquence des maladies bien réelles.

Il est donc primordial d'apprendre à mettre en lumière les 99 % de positifs pour relativiser les 1 % de négatifs.

Ne jamais oublier que « Nous sommes du bonheur de nous-mêmes artisans, et fabriquons nos jours ou fâcheux ou plaisants » (Mathurin Régnier), que « Le bonheur n'est pas le droit de chacun, c'est un combat de tous les jours. » (Orson Welles)

Déceler le positif, voilà l'enjeu de la pratique de la gratitude. Voir la pépite d'or au milieu des milliers de grains de sable, c'est cette aptitude-là que vous allez ainsi développer jour après jour avec ce Cahier des Mercis.

Ce qui me paraît aussi très important dans la pratique de la gratitude, c'est le changement fondamental de philosophie de vie ou plus précisément de regard sur la vie. Vous allez passer de « Voilà ce que je veux, ce qui me faudrait pour être heureux » à « Voilà ce que je possède dans ma vie et qui me rend déjà heureux ». Vous évoluerez ainsi d'une vie focalisée sur des attentes qui sont toujours sources d'insatisfactions à une vie centrée sur une réalité objective heureuse et positive, pleine de satisfactions immédiates. Pratiquer la gratitude modifiera votre regard sur les choses qui vous entourent en vous concentrant sur vos richesses, vos bénédictions actuelles plutôt que sur vos désirs, vos envies.

Saint Augustin a dit très justement que « Le bonheur, c'est de continuer à désirer ce qu'on possède » et Daniel Defoe (Robinson Crusoe) de rajouter « Tous nos tourments sur ce qui nous manque me semblent procéder du défaut de gratitude pour ce que nous avons. »

Cette pratique permet de s'ouvrir au monde, d'être attentif aux autres au lieu d'être ego-centré. Elle nous permet de nous reconnecter à l'altruisme (1).

Des études plus récentes démontrent que les personnes qui pratiquent la gratitude sont plus heureux, ils ont de meilleures relations sociales. Ils développent moins d'angoisses, de stress et par voie de conséquence sont moins sujets aux dépressions (2). Les chercheurs américains Stephen M. Yoshimura et Kassandra Berzins nous indiquent que « la gratitude est associée de manière constante à de nombreux états sociaux, psychologiques et physiques positifs, tels qu'une tendance accrue à aider les autres, l'optimisme, l'exercice physique, et une réduction des problèmes physiques » (3).

---

(1) Christina M. Karns, William E. Moore, Ulrich Mayr. The Cultivation of Pure Altruism via Gratitude: A Functional MRI Study of Change With Gratitude Practice. Frontiers in Human Neuroscience, 2017; 11 DOI: 10.3389/fnhum.2017.00599.

(2) Wood, A. M., Joseph, S., & Maltby, J. (2008). PersonalPages.Manchester.ac.uk, Gratitude uniquely predicts satisfaction with life: Incremental validity above the domains and facets of the Five Factor Model. Personality and Individual Differences, 45, 49-54.
Watkins, P. C., Woodward, K., Stone, T., & Kolts, R. L. (2003). Gratitude and happiness: Development of a measure of gratitude, and relationships with subjective well-being. Social Behavior and Personality, 31, 431-451.

(3) Stephen M. Yoshimura & Kassandra Berzins (2017) Grateful experiences and expressions: the role of gratitude expressions in the link between gratitude experiences and well-being, Review of Communication, 17:2, 106-118, DOI: 10.1080/15358593.2017.1293836.

Loin d'être une pensée magique, être dans la gratitude ne va pas vous empêcher d'avoir des difficultés, des drames au cours de votre vie. Elle n'efface pas la peine, ni les douleurs comme par magie, mais elle aide à vivre mieux en nous reliant à ce qui continue d'aller bien autour de nous. Cette pratique permet de comprendre que le bonheur n'est pas un but, une destination finale, un graal, mais qu'il n'est rien d'autre que l'accumulation de toutes petites choses positives, choses positives qu'il faut être capable de déceler même au milieu de la plus grande noirceur. Khalil Gibran nous rappelle que :

« C'est dans la rosée des petites choses que le coeur trouve son matin et se rafraîchit. »

En résumé, pratiquer la gratitude est une philosophie de vie nouvelle qui va vous permettre de :
- 1/ Améliorer votre relation aux autres et à vous.
- 2/ Diminuer vos attentes, vos frustrations, votre stress.
- 3/ Se focaliser sur le positif et le présent, devenir plus attentif.
- 4/ Relativiser le négatif.
- 5/ Augmenter votre bonheur et votre confiance en la vie.

Comment pratiquer la GRATITUDE ?

Maintenant que vous connaissez les bienfaits de cette pratique, je suis certaine que vous vous demandez comment faire en pratique. Parce que c'est bien beau toutes ces belles paroles encourageantes, ces mirifiques bienfaits, mais moi, au quotidien, comment je fais pour expérimenter la gratitude ?

Le plus simple selon moi est la tenue d'un Cahier des Mercis ou Carnet de Gratitude. Celui que je vous propose peut paraître simpliste, mais je vous assure qu'il a été conçu afin de vous offrir les bons outils pour devenir autonome en un mois et pouvoir ensuite pratiquer seul. Car comme l'a dit Confucius « Quand un homme a faim, mieux vaut lui apprendre à pêcher que de lui donner un poisson. »

Pourquoi un mois de fiches à remplir ?

C'est le temps idéal pour modifier vos habitudes, ancrer une nouvelle routine et modifier votre mode de pensées. À travers ces 30 fiches, vous allez découvrir les nombreuses et diverses questions à vous poser pour pratiquer la gratitude. À la fin de ce mois, à vous de trouver vos questions, celles qui vous conviennent le mieux voire en inventer de nouvelles...

Quand remplir mon cahier des Mercis ?

Idéalement, le soir avant le coucher. C'est le meilleur moment pour faire ce travail d'introspection et de gratitude. Cela vous permettra de faire le bilan de votre journée et d'en extraire la quintessence. De plus, focaliser son esprit sur des éléments positifs apporte une relaxation essentielle à un endormissement de qualité.

Le psychologue américain Robert A. Emmons affirme même que la tenue d'un journal de gratitude pendant seulement 21 jours permet de mieux dormir et d'avoir plus d'énergie. (1)

Est-ce difficile à faire ?
Oui et non.
Les questions posées ou les exercices sont très simples à faire. Au début, vous mettrez peut-être du temps à trouver ce que vous souhaitez répondre. Vous douterez d'avoir eu trois bons moments lors de votre journée, vous réfléchirez longtemps à ce qui a pu vous faire du bien, mais c'est justement là l'intérêt des exercices, vous faire prendre conscience des choses petit à petit.
N'oubliez pas « La joie est en tout ; il faut savoir l'extraire. » (Confucius) Accrochez-vous, vous ne trouvez que deux choses positives pour aujourd'hui, c'est pas grave. Faites-vous confiance, demain vous réussirez à en trouver trois…
Soyez bienveillants avec vous ! Vous avez sauté une journée, ce n'est pas grave, reprenez votre cahier et remettez-vous dans la gratitude.

(1) Thanks!: How Practicing Gratitude Can Make You Happier, 2008 by Robert Emmons.

Comment fonctionne le cahier des Mercis ?
Les fiches sont conçues en plusieurs parties :
1/ LA DATE :
Oui, c'est important de la noter, car elle fixe votre esprit sur le présent. Il est question d'aujourd'hui, de maintenant. De plus, lorsque votre moral sera en berne ou lorsque vous manquerez de motivation, vous pourrez reprendre votre Cahier des Mercis et retrouver ce qui vous avez fait du bien à une date précise. Vous y constaterez votre évolution spirituelle et surtout l'impermanence de tout, même de vos difficultés les plus importantes.

2/ UNE CITATION SUR LE BONHEUR :
Quelques mots pour vous interpeller et pour vous faire méditer sur votre propre définition du bonheur.

3/ L'EXERCICE DES 3 MERCIS :
Vous trouverez cet exercice sur chacune des 30 fiches. Il vous sera demandé de noter trois personnes ou trois choses ou même trois évènements pour lesquels vous éprouvez un sentiment de gratitude en rapport avec votre journée. Les thèmes et les questions varient chaque jour et il y a toujours 3 mercis par jour à inscrire. Ainsi, votre esprit est guidé pas à pas dans la pratique de la gratitude.
Pourquoi 3 ? Le nombre 3 a une portée symbolique forte dans de nombreuses traditions spirituelles et religieuses. Il exprime en effet l'équilibre, l'harmonie et l'unité. Il rythme nos journées (matin, midi et soir), notre temps (passé, présent, futur), les âges de notre vie (enfance, âge adulte, vieillesse). Il représente en numérologie la sociabilité et la communication. Vous aurez donc uniquement trois réponses à donner ce qui rendra l'exercice plus facile, moins fastidieux.

Pourquoi les cases à remplir sont-elles si petites ?

Je vous rassure, les cases ne sont pas trop petites. Elles ont été conçues afin de vous apprendre à n'y inscrire que quelques mots. L'objectif du Cahier des Mercis n'est pas de remplacer un journal intime, de détailler telle ou telle expérience par écrit, de faire de vous le prochain Émile Zola. Vous devez penser la question en vous, y répondre mentalement et ensuite noter juste quelques mots qui la résument pour vous. Vous devez en tirer la quintessence. C'est un exercice mental de concentration dont vous tirerez de nombreux bienfaits, croyez-moi.

4 / L'EXERCICE DE LA MÉTÉO :

Cet exercice va vous demander de vous interroger sur votre état psychique, physique. Vous devrez prendre la météo de votre cerveau, de vos pensées, de votre forme physique... Bref, il vous est demandé ici de faire un arrêt sur vous, de prendre conscience de votre état interne. Il est important de vous autoévaluer souvent pour constater votre évolution. De plus, c'est un exercice très utile, car mesurer, c'est reconnaître. Cela va vous permettre de prendre conscience de la situation actuelle, de ce que vous vivez en vous. Ainsi, vous pourrez envisager la mise en place d'actions correctrices. On ne peut pas changer quelque chose qu'on ignore.

5/ LE BONUS PENSÉE POSITIVE :

Il s'agit de petites actions ou pensées positives : appeler un ami, manger son plat préféré, se remémorer son dernier succès...
Ce bonus est là pour vous aider à penser autrement et vous faire (enfin) voir la vie du bon côté.

Vous aurez compris que toute cette introduction sur la gratitude se résume par ces quelques bons mots d'Albert Schweitzer :

> La gratitude est le secret de la vie.
> L'essentiel est de remercier pour tout.
> Celui qui a appris cela sait ce que vivre signifie.
> Il a pénétré le profond mystère de la vie.

À vous maintenant...

Mes Mercis du ....../....../......

"Le vrai BONHEUR est dans le calme de l'esprit et du coeur."

—Charles Nodier

J'inscris trois bons moments de ma journée :

L'émotion qui a dominé mes pensées :

Mon idée positive du jour :

Mes Mercis du ....../....../......

"Qui pense son BONHEUR le retrouve."

—Jean Prieur

Je dis merci à trois personnes qui ont pris soin de moi en cette journée :

Comment est mon énergie mentale maintenant ?

— +

Je fais un cadeau de remerciement à un ami ou menbre de ma famille :

Mes Mercis du ....../....../......

*"Le BONHEUR ne consiste pas à acquérir ni à jouir,
mais à ne rien désirer, car il consiste à être libre."*

— Epitècte

Je note trois remerciements pour des choses ou des événements heureux :

Quel est mon niveau de zénitude ?

J'envoie une pensée positive à quelqu'un qui en a besoin :

Mes Mercis du ...../...../......

"Pourquoi ne pas profiter immédiatement des plaisirs ? Combien d'instants de BONHEUR ont été gâchés par trop de préparation ?"

— Jane Austen

Je remercie pour trois mots gentils reçus aujourd'hui :

Quel est mon mon degré de joie intérieure ?

Je décris une activité sportive qui me plaît et me fait du bien :

Mes Mercis du ....../....../......

"Faites simple : préférez le BONHEUR !"

_O. Lockert

J'exprime trois sentiments de gratitude pour ce jour :

Je me situe où en terme d'énergie aujourd'hui :

Un merci tout particulier adressé à un ami, un membre de ma famille :

Mes Mercis du ...../...../......

*"Ecouter la voix de son cœur,
c'est trouver le chemin du BONHEUR."*

— Monique Moreau

J'écris trois choses ou personnes qui m'ont donné(e) de la joie aujourd'hui :

Le dessin ou les mots qui décrivent un de mes bons souvenirs :

Mes Mercis du ....../....../......

"Le BONHEUR est la seule chose qui se double si on le partage"

_Albert Schweitzer

J'écris trois choses ou personnes qui m'ont fait me sentir bien ce jour :

La météo dans ma tête maintenant :

Un remerciemement particulier pour quelqu'un ou quelque chose :

Mes Mercis du ....../....../......

*"Le BONHEUR est le parfum de l'âme,
l'harmonie du coeur qui chante."*
— Romain Rolland

Je décris brièvement trois choses agréables qui me sont arrivées ce jour :

1. ....
   ....

2. ....
   ....

3. ....
   ....

La météo de mon coeur aujourd'hui :

− ▮▮▮▮▮▮▮▮▮▮ +

Mon souhait pour demain :

....
....
....

Mes Mercis du ....../....../......

"Le BONHEUR est une mosaïque composée de petits morceaux"

_Charles Dumercy

J'exprime pour aujourd'hui un merci pour trois moments de joie :

La météo dans mon esprit :

Qu'est-ce qui fait battre mon coeur ?

Mes Mercis du ....../....../......

"Rêve ta vie en couleurs, c'est le secret du BONHEUR."

— Walt Disney

Je note trois choses ou personnes qui m'ont fait sourire aujourd'hui :

La météo du jour dans mon corps :

Mon idée positive pour ameliorer mon mental :

Mes Mercis du ....../....../......

"Le seul fait d'exister est un véritable BONHEUR."

—Blaise Cendrars

Je note trois événements qui m'ont procuré(e) du bonheur aujourd'hui :

Quel est mon niveau de stress actuellement ?

Demain, j'appelle un ou une ami(e) pour lui dire des mots positifs :

Mes Mercis du ....../....../......

"Le vrai BONHEUR ne dépend d'aucun être, d'aucun objet extérieur. Il ne dépend que de vous-même."

—Dalaï Lama

J'exprime ma gratitude pour les trois moments les plus positifs du jour :

De quelle couleur sont mes pensées à cet instant ?

J'indique mon dernier succès ou réussite :

Mes Mercis du ....../....../......

"Le BONHEUR c'est lorsque vos actes sont en accord avec vos paroles"

_Gandhi

J'envoie mes mercis à trois personnes qui m'ont donné(e) de l'amour :

J'inscris quelqu'un ou quelque chose qui m'a fait rire récemment :

Mes Mercis du ...../...../......

"Le BONHEUR n'est pas autre chose qu'une suite de petites joies."

_Madame de Girardin

J'écris trois choses ou personnes qui m'ont fait du bien aujourd'hui :

La météo dans mon esprit maintenant :

Quelle est la dernière chose positive que j'ai réussie à faire ?

Mes Mercis du ....../....../......

"Le BONHEUR veut tout le monde heureux."
— Victor Hugo

Je note les trois instants qui m'ont fait le plus vibrer aujourd'hui :

La météo de mon esprit maintenant :

Je note une action positive que je vais réaliser demain :

Mes Mercis du ....../....../......

"Chacun porte son BONHEUR en soi."

— Witold Gombrowicz

Je décris brièvement trois choses agréables qui me sont arrivées ce jour :

La météo de ma journée :

Demain, j'envoie un courrier ou un e-mail à une personne que j'apprécie :

Mes Mercis du ....../....../......

"Le BONHEUR est né de l'altruisme et le malheur de l'égoïsme."

‒Bouddha

Je remercie pour trois pensées ou actes qui m'ont fait rire ou sourire aujourd'hui :

Comment sont mes pensées plutôt négatives ou positives ?

− ▬▬▬▬▬▬▬▬▬▬▬▬▬▬▬▬▬▬▬▬ +

Quel est le dernier livre génial que j'ai lu ?

Mes Mercis du ....../....../......

"Le BONHEUR est une petite chose que l'on grignote,
assis par terre, au soleil."

_Jean Giraudoux

J'écris trois choses ou personnes qui m'ont fait du bien aujourd'hui :

La météo dans mon corps maintenant :

Le dessin ou les mots qui décrivent le meilleur moment de ma journée :

Mes Mercis du ....../....../......

"Le BONHEUR est souvent la seule chose qu'on puisse donner sans l'avoir et c'est en le donnant qu'on l'acquiert."
— Voltaire

Je liste trois choses qui m'ont procuré du bien-être lors de ma journée :

A quel niveau est mon énergie corporelle aujourd'hui ?

Demain, je m'organise pour manger mon plat préféré (lequel ?) :

Mes Mercis du ....../....../......

"Tout le BONHEUR du monde est dans l'inattendu."

— Jean d'Ormesson

J'indique trois bienfaits de cette journée :

Dans quel état d'esprit je suis maintenant ?

Un remerciemement particulier pour quelqu'un :

Mes Mercis du ....../....../......

*"Il ne faut pas de tout pour faire un monde.
Il faut du BONHEUR et rien d'autre."*

_Paul Eluard

Je remercie pour trois moments sympathiques du jour :

Je réfléchis à ce qui pourrait me faire plaisir demain :

Mes Mercis du ....../....../......

"Le BONHEUR n'est pas toujours dans un ciel éternellement bleu, mais dans les choses les plus simples de la vie."
— Confucius

Je décris brièvement trois moments forts qui se sont déroulés ce jour :

La météo de mon coeur aujourd'hui :

Demain, j'écris un message à une personne que j'apprécie :

Mes Mercis du ....../....../......

"Le BONHEUR n'est pas une destination, mais une façon de voyager"

_Margaret Lee Runbeck

Je dis merci à trois personnes qui ont pris soin de moi :

Comment est mon énergie mentale maintenant ?

Je m'organise pour voir ou parler à un ou une ami(e) demain :

Mes Mercis du ....../....../......

*"La meilleure manière d'atteindre le BONHEUR
est de le donner aux autres."*
    —Robert Baden-Powel

Je ressens un profond sentiment de gratitude pour trois composantes d'aujourd'hui :

" "

" "

" "

Demain, je prends une pause de 10 minutes pour me faire du bien, je prévois quoi ?

Mes Mercis du ....../....../......

"Le BONHEUR et le malheur se trouvent dans l'âme."

_Démocrite

J'envoie mes remerciements à trois personnes qui m'ont donné(e) de l'amour :

Quelle est ma plus grande richesse intérieure ?

Mes Mercis du ....../....../......

"Le BONHEUR, c'est de le chercher."

_Jules Renard

Je décris en quelques mots les trois meilleures situations du jour :

Quel est mon niveau de zénitude ?

Où était ma dernière sortie détente au parc, en pleine nature ?

Mes Mercis du ....../....../......

"Le BONHEUR ne consiste pas à acquérir ni à jouir,
mais à ne rien désirer, car il consiste à être libre."
                                                    Epitècte

J'envoie un merci particulier à trois personnes ou choses qui ont illuminé ce jour :

La météo de mon enthousiasme aujourd'hui :

Quelle est mon activité artistique préférée ?

Mes Mercis du ...../...../......

*"Il n'y a point de chemin vers le BONHEUR.
Le BONHEUR, c'est le chemin."*

— Lao Tse

Je remercie pour les trois mots gentils qu'on m'a dit aujourd'hui :

De quelle couleur sont mes pensées à cet instant :

Quelles sont les parties de mon corps qui ont besoin de se détendre ?

Mes Mercis du ....../....../......

"Le BONHEUR est un art à pratiquer, comme le violon."

— John Lubbock

Je note les trois instants qui m'ont fait le plus plaisir aujourd'hui :

La météo de mon esprit maintenant :

Quel est l'endroit sur la terre que j'aimerai le plus découvrir ?

Mes Mercis du ....../....../......

"Il y a plus de BONHEUR à donner qu'à recevoir."

— Saint Luc

J'exprime ici un sentiment de gratitude pour trois choses ou personnes :

Mon degré de satisfaction personnelle aujourd'hui :

Une pensée de gratitude pour une personne que j'aime :

Mes Mercis du ....../....../......

"Qui pense son BONHEUR le retrouve."

— Jean Prieur

Je dis merci à trois personnes qui ont pris soin de moi en cette journée :

Comment est mon énergie mentale maintenant ?

Je fais un cadeau de remerciement à un ami ou menbre de ma famille :

Mes Mercis du ....../....../......

*"Le BONHEUR ne consiste pas à acquérir ni à jouir,
mais à ne rien désirer, car il consiste à être libre."*

— Epitècte

Je note trois remerciements pour des choses ou des événements heureux :

Quel est mon niveau de zénitude ?

J'envoie une pensée positive à quelqu'un qui en a besoin :

Mes Mercis du ....../....../......

"Pourquoi ne pas profiter immédiatement des plaisirs ? Combien d'instants de BONHEUR ont été gâchés par trop de préparation ?"

—Jane Austen

Je remercie pour trois mots gentils reçus aujourd'hui :

Quel est mon mon degré de joie intérieure ?

Je décris une activité sportive qui me plaît et me fait du bien :

Mes Mercis du ....../....../......

"Faites simple : préférez le BONHEUR !"

—O. Lockert

J'exprime trois sentiments de gratitude pour ce jour :

Je me situe où en terme d'énergie aujourd'hui :

Un merci tout particulier adressé à un ami, un membre de ma famille :

Mes Mercis du ...../...../......

*"Ecouter la voix de son cœur,
c'est trouver le chemin du BONHEUR."*

—Monique Moreau

J'écris trois choses ou personnes qui m'ont donné(e) de la joie aujourd'hui :

Le dessin ou les mots qui décrivent un de mes bons souvenirs :

Mes Mercis du ....../....../......

"Le BONHEUR est la seule chose qui se double si on le partage"

_Albert Schweitzer

J'écris trois choses ou personnes qui m'ont fait me sentir bien ce jour :

La météo dans ma tête maintenant :

Un remerciemement particulier pour quelqu'un ou quelque chose :

Mes Mercis du ....../....../......

*"Le BONHEUR est le parfum de l'âme,
l'harmonie du coeur qui chante."*
—Romain Rolland

Je décris brièvement trois choses agréables qui me sont arrivées ce jour :

1. ....
   ....

2. ....
   ....

3. ....
   ....

La météo de mon coeur aujourd'hui :

Mon souhait pour demain :

....
....
....

Mes Mercis du ....../....../......

"Le BONHEUR est une mosaïque composée de petits morceaux"

_Charles Dumercy

J'exprime pour aujourd'hui un merci pour trois moments de joie :

La météo dans mon esprit :

Qu'est-ce qui fait battre mon coeur ?

Mes Mercis du ....../....../......

"Rêve ta vie en couleurs, c'est le secret du BONHEUR."

— Walt Disney

Je note trois choses ou personnes qui m'ont fait sourire aujourd'hui :

La météo du jour dans mon corps :

Mon idée positive pour ameliorer mon mental :

Mes Mercis du ....../....../......

"Le seul fait d'exister est un véritable BONHEUR."

— Blaise Cendrars

Je note trois événements qui m'ont procuré(e) du bonheur aujourd'hui :

Quel est mon niveau de stress actuellement ?

Demain, j'appelle un ou une ami(e) pour lui dire des mots positifs :

Mes Mercis du ....../....../......

"Le vrai BONHEUR ne dépend d'aucun être, d'aucun objet extérieur.
Il ne dépend que de vous-même."

_Dalaï Lama

J'exprime ma gratitude pour les trois moments les plus positifs du jour :

De quelle couleur sont mes pensées à cet instant ?

J'indique mon dernier succès ou réussite :

Mes Mercis du ....../....../......

"Le BONHEUR c'est lorsque vos actes
sont en accord avec vos paroles"

_Gandhi

J'envoie mes mercis à trois personnes qui m'ont donné(e) de l'amour :

J'inscris quelqu'un ou quelque chose qui m'a fait rire récemment :

Mes Mercis du ...../...../......

"Le BONHEUR n'est pas autre chose qu'une suite de petites joies."

— Madame de Girardin

J'écris trois choses ou personnes qui m'ont fait du bien aujourd'hui :

La météo dans mon esprit maintenant :

Quelle est la dernière chose positive que j'ai réussie à faire ?

Mes Mercis du ....../....../......

"Le BONHEUR veut tout le monde heureux."
                                    _Victor Hugo

Je note les trois instants qui m'ont fait le plus vibrer aujourd'hui :

La météo de mon esprit maintenant :

Je note une action positive que je vais réaliser demain :

Mes Mercis du ....../....../......

"Chacun porte son BONHEUR en soi."

— Witold Gombrowicz

Je décris brièvement trois choses agréables qui me sont arrivées ce jour :

La météo de ma journée :

− ➖➖➖➖➖➖➖➖➖ +

Demain, j'envoie un courrier ou un e-mail à une personne que j'apprécie :

Mes Mercis du ....../....../......

"Le BONHEUR est né de l'altruisme et le malheur de l'égoïsme."

_Bouddha

Je remercie pour trois pensées ou actes qui m'ont fait rire ou sourire aujourd'hui :

Comment sont mes pensées plutôt négatives ou positives ?

Quel est le dernier livre génial que j'ai lu ?

Mes Mercis du ...../...../......

*"Le BONHEUR est une petite chose que l'on grignote,
assis par terre, au soleil."*

—Jean Giraudoux

J'écris trois choses ou personnes qui m'ont fait du bien aujourd'hui :

La météo dans mon corps maintenant :

Le dessin ou les mots qui décrivent le meilleur moment de ma journée :

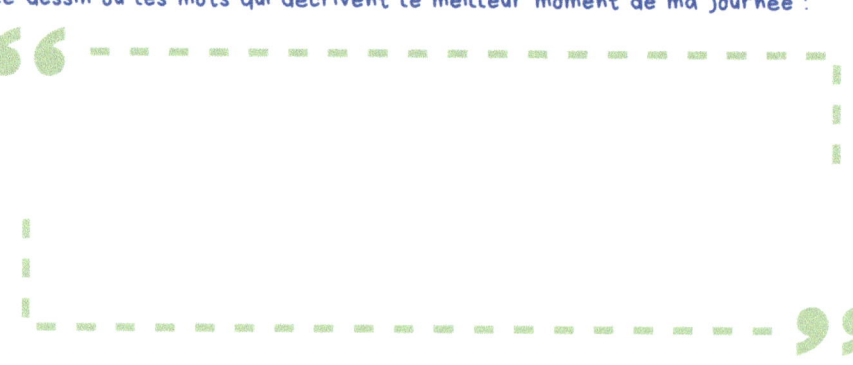

Mes Mercis du ....../....../......

"Le BONHEUR est souvent la seule chose qu'on puisse donner sans l'avoir et c'est en le donnant qu'on l'acquiert."
— Voltaire

Je liste trois choses qui m'ont procuré du bien-être lors de ma journée :

A quel niveau est mon énergie corporelle aujourd'hui ?

Demain, je m'organise pour manger mon plat préféré (lequel ?) :

Mes Mercis du ....../....../......

"Tout le BONHEUR du monde est dans l'inattendu."

—Jean d'Ormesson

J'indique trois bienfaits de cette journée :

Dans quel état d'esprit je suis maintenant ?

Un remerciemement particulier pour quelqu'un :

Mes Mercis du ....../....../......

*"Il ne faut pas de tout pour faire un monde.
Il faut du BONHEUR et rien d'autre."*

— Paul Eluard

Je remercie pour trois moments sympathiques du jour :

Je réfléchis à ce qui pourrait me faire plaisir demain :

Mes Mercis du ...../...../......

"Le BONHEUR n'est pas toujours dans un ciel éternellement bleu, mais dans les choses les plus simples de la vie."
— Confucius

Je décris brièvement trois moments forts qui se sont déroulés ce jour :

La météo de mon coeur aujourd'hui :

Demain, j'écris un message à une personne que j'apprécie :

Mes Mercis du ...../...../......

"Le BONHEUR n'est pas une destination, mais une façon de voyager"

_Margaret Lee Runbeck

Je dis merci à trois personnes qui ont pris soin de moi :

Comment est mon énergie mentale maintenant ?

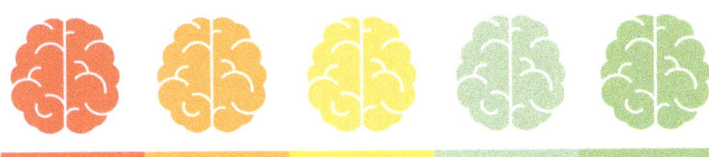

Je m'organise pour voir ou parler à un ou une ami(e) demain :

Mes Mercis du ....../....../......

"La meilleure manière d'atteindre le BONHEUR est de le donner aux autres."

—Robert Baden-Powel

Je ressens un profond sentiment de gratitude pour trois composantes d'aujourd'hui :

> 66
>
>
>
> 99

> 66
>
>
>
> 99

> 66
>
>
>
> 99

Demain, je prends une pause de 10 minutes pour me faire du bien, je prévois quoi ?

Mes Mercis du ...../...../......

"Le BONHEUR et le malheur se trouvent dans l'âme."

_Démocrite

J'envoie mes remerciements à trois personnes qui m'ont donné(e) de l'amour :

Quelle est ma plus grande richesse intérieure ?

Mes Mercis du ...../...../......

"Le BONHEUR, c'est de le chercher."

_Jules Renard

Je décris en quelques mots les trois meilleures situations du jour :

Quel est mon niveau de zénitude ?

Où était ma dernière sortie détente au parc, en pleine nature ?

Mes Mercis du ....../....../......

"Le BONHEUR ne consiste pas à acquérir ni à jouir, mais à ne rien désirer, car il consiste à être libre."
                                                                            Epitècte

J'envoie un merci particulier à trois personnes ou choses qui ont illuminé ce jour :

La météo de mon enthousiasme aujourd'hui :

Quelle est mon activité artistique préférée ?

Mes Mercis du ....../....../......

*"Il n'y a point de chemin vers le BONHEUR.
Le BONHEUR, c'est le chemin."*

— Lao Tse

Je remercie pour les trois mots gentils qu'on m'a dit aujourd'hui :

De quelle couleur sont mes pensées à cet instant :

Quelles sont les parties de mon corps qui ont besoin de se détendre ?

Mes Mercis du ....../....../......

"Le BONHEUR est un art à pratiquer, comme le violon."

— John Lubbock

Je note les trois instants qui m'ont fait le plus plaisir aujourd'hui :

La météo de mon esprit maintenant :

Quel est l'endroit sur la terre que j'aimerai le plus découvrir ?

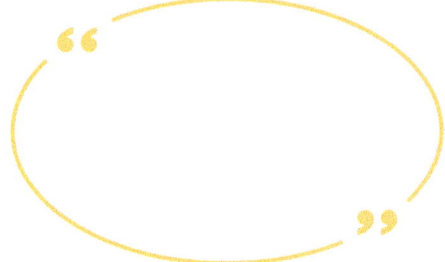

Mes Mercis du ....../....../......

"Il y a plus de BONHEUR à donner qu'à recevoir."

_Saint Luc

J'exprime ici un sentiment de gratitude pour trois choses ou personnes :

Mon degré de satisfaction personnelle aujourd'hui :

Une pensée de gratitude pour une personne que j'aime :

Copyright © 2021 Alicia Editions
Credits : CANVA.COM : brand:BADweq-dx6s, Christelle Pujol
All rights reserved.
No part of this book may be reproduced in any form or by any electronic or mechanical means, including information storage and retrieval systems, without written permission from the author, except for the use of brief quotations in a book review.

www.ingramcontent.com/pod-product-compliance
Lightning Source LLC
LaVergne TN
LVHW050842080526
838202LV00009B/313